Gudrun Hettinger

Engel, Wichtel, Nikolaus Figuren aus Tontöpfen

CHRISTOPHORUS

Inhalt

- 3 Festliche Tontöpfe
- 4 Material & Technik
- 5 So wirds gemacht: Mini-Figuren

....

- 6 Frohe Weihnachten
- 8 Sternen-Engel
- 10 Wichtelhausen
- 12 Geschenktöpfe
- 14 Weihnachtsgebäck
- 16 Nikolaus
- 18 Herzige Engel
- 20 Lustige Elche
- 22 Tisch-Dekoration
- 24 Maria und Josef
- 26 Musizierende Engel
- 28 Weihnachtswichtel
- 30 Silvester-Party

Festliche Tontöpfe

Die Gestaltungsmöglichkeiten für Tontöpfe sind unerschöpflich. Ich selbst hätte es anfangs nie für möglich gehalten, wie viele Ideen ich entwickeln würde, mit welchen unterschiedlichen Materialien sich die Töpfe verzieren lassen und welche hübschen Figuren und Dekorationen dabei entstehen – natürlich auch für die Weihnachtszeit!

Verzieren Sie doch dieses Jahr Ihre Geschenke mit niedlichen Engelchen oder Wichteln, schmücken Sie Ihren Hauseingang festlich mit persönlich gestalteten Dachziegeln. Ein ganz besonderes Geschenk ist selbst gemachtes Weihnachtsgebäck in hübsch verzierten Schalen oder Töpfen. Oder wie wäre es mal mit einer ganz ausgefallenen Krippe? Auch Vorschläge für eine Silvester-Party dürfen natürlich nicht fehlen. Sie sehen, es gibt sehr viele Möglichkeiten, Ihre Lieben mit diesen ausgefallenen Dekorationen zu überraschen.

Die meisten Modelle entstehen ohne großen Aufwand. Natürlich können Sie die Materialien abwandeln und durch andere ergänzen, da ja nicht immer alles griffbereit ist. Oder Sie haben eigene Ideen und verarbeiten bereits Vorhandenes.

Ich wünsche Ihnen ganz viel Spaß und Erfolg beim Entstehen Ihrer Kreationen und ein wunderschönes, friedliches Weihnachtsfest und ein glückliches, gesundes, erfolgreiches Neues Jahr

*Von Herzen
Ihre*

www.gudrun-hettinger.de

Material & Technik

Klebstoff
- Besonders stabile wasserdichte Klebeverbindungen erhält man mit UHU Montagekleber für Außen- & Innenbereich oder Silikonkleber.
- Für feine Verklebungen wie kleine Töpfe, Jute, Filz, Moosgummi, Haare und Holzteile sind Dekofix (Efco), UHU HOLZ expressleim oder UHU Alleskleber Kraft (im Kontaktklebeverfahren) gut geeignet.
- Mit Heißkleber können Hüte, Knöpfe, Blümchen usw. schnell fixiert werden.

Grundform für große Figuren
Für einen Rock zwei Töpfe aufeinander stülpen.
Für Hosen zwei gleich große Töpfe mit der Öffnung gegeneinander kleben.
Für Köpfe eignet sich besonders die bauchige Form der Glockentöpfe oder zwei zusammengeklebte Untersetzer bzw. eine Holzkugel. Den Kopf erst aufkleben, wenn die Arme befestigt wurden.

Arme
Kleine Töpfe (3-4 cm Ø) auf Figurendraht (6 mm Ø), Lederband, Kordel oder Chenilledraht aufreihen, je nachdem, wie belastbar und wie beweglich die Arme sein sollen. Die Töpfe entweder mit der Öffnung gegeneinander kleben und einen weiteren Boden an Boden befestigen oder immer in der gleichen Richtung mit der Öffnung nach unten aufreihen. Als Abstandhalter können Holzperlen eingeklebt werden. Wenn Sie Figurendraht verwenden, müssen die Topföffnungen evtl. etwas vergrößert werden. Als Abschluss Holzkugeln mit Loch oder Holzhände bzw. Holzfüße festkleben.

Gesichter
Nach der Vorlage mit Kopierpapier übertragen und bemalen. Für große runde Augen Klebepunkte platzieren, umranden und nach dem Abnehmen ausmalen oder Wackelaugen verwenden. Nasen mit Holz- oder Moosgummikugeln gestalten. Für rote Bäckchen ein Wattestäbchen mit Filzstift oder Acrylfarbe sparsam bemalen und auftupfen.

Farbliche Gestaltung
Mit Acrylmattfarben oder Terrakotta-Pen den Abbildungen entsprechend bemalen. Der Terrakotta-Pen ist sehr handlich. Die sehr flüssige und stark pigmentierte Farbe lässt sich auch gut dünn mit dem Pinsel auftragen.

So wirds gemacht: Mini-Figuren

1 Hanf gut durchkämmen, einen Büschel von etwa 10 cm Länge zuschneiden, mit einem Steckdraht (0,8 mm stark) zur Hälfte abbinden und durch die Holzkugel (25 mm Ø) führen.

2 Um den Hals Chenilledraht für die Arme (etwa 10 cm) wickeln und auf beide Drahtteile ein Tontöpfchen (3 cm Ø) stecken. Chenilledraht für die Beine (etwa 15 cm) einlegen und auf ein Drahtteil eine Holzperle (10 mm Ø) schieben.

3 Die Drahtenden miteinander verdrehen und mit einer Zange nochmals fest nachdrehen, so dass Kopf und Körper stabil miteinander verbunden sind.

4 Nach der Vorlage aus Filz die Mütze und einen Streifen für den Schal (15 x 1 cm) zuschneiden. Mütze zusammenkleben und mit Heißkleber auf den zurecht gezupften Haaren festkleben. Die Haare in Form schneiden. Beine und Arme gleichmäßig kürzen und Holzkugeln (0,8 mm Ø) festkleben. Gesicht mit wasserfesten Filzstiften aufmalen und den Schal fixieren.

Frohe Weihnachten

Material

- Dachziegel „Biberschwanz", 40 cm
- Terrakotta-Wandtopf, spitz, 12 cm
- 2 Terrakotta-Wandtöpfe, spitz, 17 cm
- Struktur-Schnee
- Sticker „Sterne"
- Granitfarbe in Grün
- Perlmutt-Flimmer, fein
- Holzbuchstaben in Gold, 2,5 cm
- Goldkordel

Vorlage A

Größe: 40 cm

1 Die Wandtöpfe auf dem Ziegel festkleben: zuerst die kleine Spitze, danach die beiden größeren Töpfe ineinander.

2 Die Stickersterne anordnen, die Zwischenräume mit Granitfarbe betupfen und mit Flimmer bestreuen. Dann die Sterne sofort abziehen.

3 Die Holzbuchstaben festkleben und den Dachziegel im oberen und unteren Bereich mit Struktur-Schnee und Perlmutt-Flimmer verzieren. Die Buchstaben können auch aufgemalt werden.

TIPP

Überquellenden Klebstoff beim Zusammendrücken sofort mit einem Wattestäbchen oder Küchenvlies entfernen, um spätere Flecken zu vermeiden.

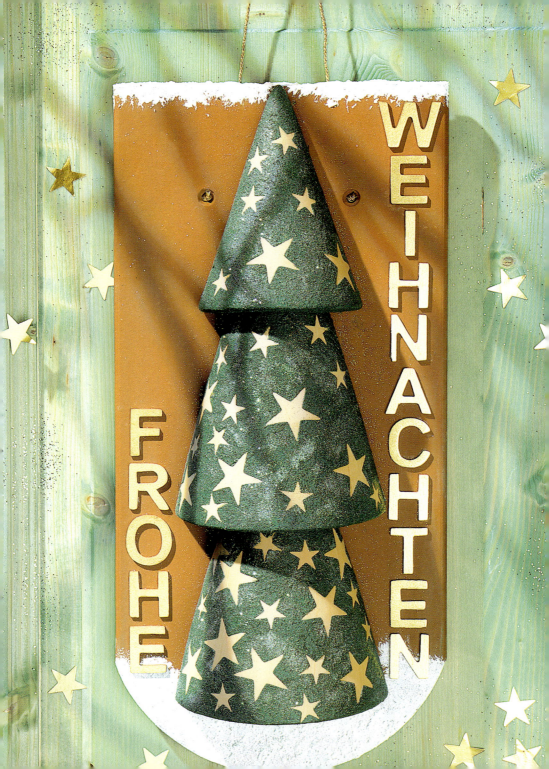

Sternen-Engel

Material

für einen Engel

- Terrakotta-Kerzenhalter in Weiß, 6,6 cm Ø, 10 cm hoch
- Terrakotta-Untersetzer, 8/9 cm
- 4 Terrakotta-Töpfe, 3 cm Ø
- Holzkugel, 45 mm Ø
- 2 Holzkugeln, 8 mm Ø
- 25 cm Chenilledraht, 1,2 mm Ø
- Kunsthaarlocken in Blond oder Braun
- Sticker „Sterne"
- Acrylmattfarbe in Gold, Rosa oder Hellblau
- Schwamm
- Engelsflügel aus Federn, 9 cm
- Holzstern, 6 cm
- Glitter-Pen in Gold
- Folienschreiber in Schwarz, Rot

Vorlagen B1 – B2

Größe: 19 cm

1 Auf das Kleid Sticker-Sterne aufkleben. Die Zwischenräume mit Schwamm und Farbe vorsichtig betupfen. Sterne sofort abnehmen. Den Unterteller für den Rocksaum sowie die kleinen Töpfe für die Ärmel mit Hellblau bzw. Rosa grundieren und mit weißer Farbe betupfen.

2 Die Holzkugel auf dem Kerzenhalter festkleben. Für die Haare mehrere Strähnen der Locken abschneiden, zu einer dichten Kugel formen und aufkleben. Je mehr die Haarsträhnen gezupft oder auseinander gezogen werden, desto wuscheliger wird das Haar. Das Gesicht aufmalen.

3 Auf den Chenilledraht die Töpfchen aufreihen und auf dem Rücken festkleben. Darauf die Flügel fixieren. Den Unterteller mit dem Kerzenleuchter zusammenkleben. Arme gleichmäßig kürzen, Holzkugeln aufkleben und mit dem bemalten Holzstern verzieren.

Wichtel-
hausen

Material

Wichtelhaus

- Tontopf, 17 cm Ø, 16 cm hoch
- 5 Tontöpfe, 3 cm Ø
- Steckdraht, 0,8 mm Ø
- Hanf
- bunter Chenilledraht
- Filzreste
- Holzkugeln, 25 mm Ø
- Holzperlen, 10 + 8 mm Ø
- Metallglöckchen in Gold
- Holzstreusterne in Gold
- Goldkordel, 4 mm Ø
- Struktur-Schnee
- Perlmutt-Flimmer, fein
- Acrylmattfarben
- Mobile-Holzscheibe, 8 cm Ø
- wasserfeste Folienstifte
- Islandmoos
- künstlicher Schnee
- Glitter-Pen in Gold

für das Wichtelfenster zusätzlich

- Halbtöpfchen, 3,5 cm
- Fensterrahmen aus Holz, 19 x 22 cm
- Klangstäbe, 5/6/7/9/11 cm
- Grasgirlande

Vorlagen C1 – C4

Größe:
Wichtelhaus 50 cm hoch,
Wichtelfenster 34 cm hoch

Anleitung Seite 12

Material

Sternentopf
- Rosentopf, 13 cm Ø, 15 cm hoch
- Unterteller, 12/13 cm Ø
- Sticker „Sterne"
- Struktur-Schnee
- Stupfpinsel
- Perlmutt-Flimmer, fein
- Glitter-Pen
- Goldband, 8 mm
- Organzaband in Gold, 4 cm

Engel zusätzlich
- Tontopf, 5 cm Ø
- Holzkugel, 35 cm Ø
- Steckdraht, 0,8 mm Ø
- Abaca-Locken in Orange
- Lederriemen, 2 mm
- Holzhände, 10 x 18 mm
- Holzfüße, 30/40 mm
- Engelflügel aus Papier in Gold, 115 x 45 mm

Nikolaustopf
- Rosentopf, 13 cm Ø, 15 cm hoch
- Filz in Rot, 55 cm x 25 cm
- Kordel
- Holzhalbkugel, 20 mm
- Struktur-Schnee
- Farben in Rot, Schwarz, Weiß
- Heißkleber

Vorlage D

Größen: 18 und 35 cm

Geschenktöpfe

Für den **Sternentopf** Sterne gleichmäßig verteilt aufkleben, mit einem Stupfpinsel und Struktur-Schnee die Zwischenräume bearbeiten und mit Perlmutt-Flimmer bestreuen. Sterne sofort abziehen. Den Deckel mit Pinsel und Glitter-Pen sparsam bemalen.

Den **Engel** wie auf Seite 5 beschrieben gestalten. Hier jedoch Abaca-Locken, Holzhände, Holzfüße und Lederriemen verwenden.

Beim **Nikolaustopf** zuerst das Gesicht aufmalen, dann die restlichen Flächen mit Struktur-Schnee gestalten. Den Filzzuschnitt mit Heißkleber in den Topfrand kleben.

Wichtelhausen
Abbildung & Materialangaben Seite 10/11

Für das Wichtelhaus Fenster und Türen auf den Topf malen und später mit Glitter-Pen sparsam übermalen. Die Aufhängekordel an der Mobilescheibe (Loch vergrößern) im Topfinneren verknoten. Weitere drei Kordeln mit Wichteln (Anleitung siehe Seite 5) und Holzkugeln befestigen.
Wichtelhaus und Wichtelfenster mit Islandmoos bzw. Grasgirlande und künstlichem Schnee verzieren (siehe Seite 28). Beim Wichtelfenster die Löcher für die Aufhängung der Klangstäbe bohren.

Weihnachts-gebäck

Material

- Terrakotta-Teller, 28 + 27 cm Ø
- Rosentopf, 13 cm Ø, 15 cm hoch
- Untersetzer, 12/13 cm Ø
- lufttrocknende Modelliermasse (z.B. aeroplast von C. Kreul) in Terrakotta, Weiß
- Glitter-Pen
- Ausstechformen
- Kunststoffgießformen „Weihnachtsdeko"
- Goldband, 8 mm
- Holzleim
- Modellierstäbchen
- Acrylmattfarben in Hellblau, Rosa, Haut, Rot, Gold, Weiß, Braun
- Teigroller

Anleitung Seite 16

Nikolaus

Material

- Dachziegel „Biberschwanz", 40 cm
- Terrakotta-Wandtopf, spitz, 12 cm
- 2 Wandtöpfe, 9,5 cm Ø
- Wandtopf, 6 cm Ø
- 6 Tontöpfe, 3,5 cm Ø
- 2 Holzfüße, 52 mm
- 2 Holzkugeln, 25 mm Ø
- Holzkugel in Rot, 12 mm Ø
- Langhaarplüsch in Hellblond
- Figurendraht, 6 mm Ø
- Struktur-Schnee
- Perlmutt-Flimmer, fein
- Acrylfarbe in Rot, Schwarz
- Goldkordel
- Glöckchen in Gold
- etwas Reisig

Größe: 40 cm

Sämtliche Teile zuerst bemalen und mit Struktur-Schnee sowie Perlmutt-Flimmer gestalten. Dann die Einzelteile in folgender Reihenfolge von oben nach unten auf dem Ziegel aufkleben: spitzer Wandtopf, kleiner Wandtopf (6 cm Ø) mit der Öffnung dagegen, die beiden größeren Wandtöpfe (9,5 cm Ø) etwas ineinander verschachtelt mit der Öffnung nach unten. Die Holzfüße einkleben. Die Arme mit Figurendraht und Tontöpfen gestalten und vor dem Aufkleben des Bartes befestigen. Haare zwischen Spitztopf und Gesicht fixieren und die Nase aufkleben.

Weihnachtsgebäck
Abbildung & Materialangaben Seite 14/15

Für die **Ausstechformen** Modelliermasse etwa 4 mm stark auswellen. Für unbemalte Motive terrakottafarbene, für bemalte Motive weiße Modelliermasse verwenden. Die ausgestochenen Teile mit Holzleim auf Teller und Topf fixieren. Nach dem Trocknen sparsam mit Glitter-Pen und Pinsel bemalen, ebenso die Ränder von Topf und Deckel.

Zum **Abdrücken** der Modelliermasse in Gießformen die Masse etwa 2-3 cm dick auswellen, und zwar etwas größer als die Form. Diese Platte fest in die Gießform drücken, wieder vorsichtig aus der Form lösen und ausschneiden. Mit Holzleim auf dem Untergrund festkleben und eventuell mit einem Modellierstäbchen nacharbeiten. Nach dem Trocknen und Bemalen der einzelnen Formen die gesamte Oberfläche sparsam mit Pinsel und Glitter-Pen verzieren.

Herzige Engel

Material

für einen Engel
- Tontopf, 3 cm Ø
- Chenilledraht in Weiß, 0,9 mm Ø
- bemalten Holzkopf, 25 mm Ø
- Hanf
- Engelflügel aus Papier, 9 x 2 cm
- Satinband in Rot, 3 mm
- 4 Holzkugeln, 8 mm Ø
- Steckdraht, 0,8 mm Ø
- Holzstreuteile „Sternchen", „Herzchen"
- Metallglöckchen in Gold, 19 mm Ø

Sonstiges
- Untersetzer, 8/9 cm Ø
- Struktur-Schnee
- Perlmutt-Flimmer, fein
- Schwingfedern für 70-250 g
- Notizhalter mit Klammer
- Tonkarton in Rot
- Glitter-Pen in Gold
- Filzstift

Vorlagen E1 – E2

Größe: 9 und 12 cm

1. Die Engelchen entstehen wie auf Seite 5 beschrieben. Mit Holzherzen, Schleifen, Sternen und Glöckchen sowie mit Glitter-Pen verzieren.

2. Für die Notizhalter ein Loch in den Untersetzer bohren und von unten gut verkleben. Von oben mit Struktur-Schnee und Perlmutt-Flimmer verzieren.

3. Herzchen aus Tonkarton ausschneiden, mit einem Filzstift beschriften und mit Glitter-Pen umranden. Bei Computerbeschriftungen das Herz nach dem Ausdrucken aufzeichnen und ausschneiden. Die Schwingfeder in den Draht, mit dem die Haare befestigt werden, einhängen.

TIPP
Gesichter auf Holzkugeln lassen sich besser aufmalen, wenn die Kugel vorher mit Seidenmattlack grundiert wurde.

Material

beide Elche
- Moosgummi in Beige, Haut, 2 mm
- Dornwolle in Braun
- Acrylmattfarbe in Schwarz, Rot
- Holzplatine, 40 mm Ø

großer Elch
- Glockentopf, 13 cm Ø, 9,5 cm hoch + 9,5 cm Ø, 6,5 cm hoch
- Untersetzer, 8/9 cm Ø
- 2 Holzhalbkugeln, 25 mm Ø
- 2 Wackelaugen, 14 mm Ø
- Metallglöckchen mit Band in Gold, 35 mm Ø

kleiner Elch
- Glockentopf, 9,5 cm Ø, 6,5 cm hoch
- Topf, 7 cm Ø, 6 cm hoch
- Untersetzer, 6/7 cm
- 2 Holzhalbkugeln, 20 mm Ø
- 2 Wackelaugen, 12 mm Ø
- Metallglöckchen mit Band in Gold, 19 mm Ø

Vorlagen F1 – F4

Größe: 16 und 25 cm

Lustige Elche

1 Für den Elchkopf den kleinen Glockentopf bzw. kleinen Tontopf gegen den Untersetzer kleben und auf dem größeren Glockentopf fixieren.

2 Die Holzhalbkugeln sowie die Holzplatine braun bemalen. Wackelaugen aufkleben, Schnauze aufmalen und auf dem Kopf anordnen.

3 Aus Moosgummi das Geweih und die Ohren (F2) zuschneiden und kantig auf der Klebenaht am Kopf befestigen.

4 Füße (F4) aus Moosgummi teilweise mit Wolle bekleben. Ebenfalls Wolle zwischen und hinter dem Geweih sowie um den Hals platzieren. Vorher jedoch das Glöckchen mit einem Band befestigen.

Tisch-Dekoration
Abbildung & Materialangaben Seite 22/23

Die Köpfe auf die Töpfe bzw. Glocken kleben. Arme aus Chenilledraht am Hals befestigen, gleichmäßig abschneiden und Holzperlen festkleben. Nikolausbärte aus Märchenwolle befestigen und mit Struktur-Schnee verzierte Mützen platzieren. Die Notizhalter am Topfrand festkleben. Den Rocksaum der Nikoläuse sowie den Schneemann-Körper mit Struktur-Schnee und Perlmutt-Flimmer verzieren. Die Besen durch die Wattekugeln stecken. Aus Filz Schals (1-1,5 cm breit) anfertigen und die Enden fransig einschneiden.

Tisch-Dekoration

Material

- Tontöpfe, 6 cm + 4 cm Ø
- Terrakotta-Glocken, 6 cm + 8 cm
- Bemalte Wattekugeln:
  - Schneemann, 40 + 50 mm Ø
  - Kindergesicht, 30 + 40 mm Ø
- Holzkopf Teddy, 30 mm Ø
- Holzperlen in Rot, 6 + 8 mm Ø
- Holzperlen in Natur, Schwarz, 8 mm Ø
- Notizhalter „Herz", „Stern"
- Filz in Rot
- Wattekugeln, 8 + 12 mm Ø
- Märchenwolle in Weiß
- Chenilledraht in Rot, Braun
- Velours-Zylinder, 50 mm Ø
- Struktur-Schnee
- Perlmutt-Flimmer, fein
- Deko-Besen, 9,5 cm
- Klebeschriften
- Tonkarton in Silber
- Formschere

Vorlagen G1 – G2

Anleitung Seite 20

Größen: 9 cm bis 16 cm

22

Material

Maria & Josef
- je 2 Untersetzer, 8/9 cm Ø
- 6 bzw. 4 Tontöpfe, 3 cm Ø
- Figurendraht, 6 mm Ø
- Märchenwolle in Hellbraun bzw. Braun
- Filz in Grau bzw. Rot, Blau
- Terrakotta-Pen in Schwarz, Grün bzw. Rot

Josef zusätzlich
- 2 Tontöpfe 10/11 cm
- Modellierfilz in Braun
- Styroporkugel, 8 cm Ø
- Holzperle, 10 mm Ø
- 2 Holzkugeln, 25 mm Ø
- 2 Knöpfe, 12 mm Ø
- Nadel und Zwirn

Maria zusätzlich
- 2 Rosentöpfe, 10/11 cm Ø
- Untersetzer, 12/13 cm Ø
- 2 Holzhände, 10 x 18 mm

Krippe
- Untersetzer, 8/9 cm Ø
- 2 Halbtöpfe, 3,5 cm
- Filz in Weiß, 10 x 10 cm
- Märchenwolle
- Holzkugel, 25 mm Ø
- Tontopf, 3 cm Ø
- Steckdraht, 0,8 mm
- Chenilledraht in Haut
- 4 Holzperlen, 8 mm Ø
- Holzperle, 10 mm Ø

Vorlagen H1 – H2

Größe: 28 und 33 cm, Krippe: 6 cm

Maria und Josef

1 Maria und Josef nach der Beschreibung auf Seite 4 herstellen. Maria erhält zusätzlich einen Untersetzer als Rocksaum. Den roten Schal (20 x 6 cm) doppelt legen. Die beiden Schalenden (14 x 8 cm) ebenfalls doppelt zusammenlegen und darunter kleben. Das blaue Tuch (30 x 20 cm) quer über die Haare drapieren. Die Enden etwas eingeschlagen auf dem roten Schal festkleben oder -stecken. Das Tuch auf der Rückseite mit einer Keller-Falte zusammenstecken.

2 Josef bekommt eine Holzperle als Nase. Die Märchenwolle in einem Strang um den Kopf kleben und die Enden zur Stirn zupfen. Zusätzlich noch Augenbrauen fixieren. Den Umhang nach Vorlage zuschneiden und auf einer Länge von etwa 19 cm mit Nadel und Zwirn kräuseln.

3 Für den Hut den Modellierfilz nass über eine halbe Styroporkugel (8cm Ø) ziehen, fest mit einer Schnur oder Draht abbinden und mit Stecknadeln fixieren. Den Rand in Form ziehen und trocknen lassen. Während der Trockenzeit kann der Rand immer noch etwas gezogen und geformt werden. Die Kugel nach dem Trocknen entfernen und den Hut mit Kordel oder Band dekorieren und auf dem Kopf fixieren.

4 Für die Krippe den Untersetzer auf zwei Halbtöpfe kleben. Märchenwolle und den weißen Filz anordnen. Das Jesuskind herstellen, wie auf Seite 5 beschrieben. Die Märchenwolle mit dem Steckdraht fixieren und zwei Filzstreifen überkreuzt aufkleben.

Material

Engel
- 2 Terrakotta-Glocken, 60 mm Ø
- Terrakotta-Glocke, 80 mm Ø
- Chenilledraht in Weiß, 12 mm Ø
- Rüschenband, 40 mm
- Engelflügel aus Papier in Gold, 115 x 45 mm
- Musikinstrument, 70 mm
- Moosgummikugel in Haut, 40 mm Ø
- Flower-Hair
- Holzhände, 18 x 10 mm
- Glitter-Pen in Gold

Nikolaus
- 2 Glockentöpfe, 13 cm Ø, 9 cm hoch
- 2 Untersetzer, 8/9 cm Ø
- Untersetzer, 10/11 cm Ø
- 6 Töpfe, 3 cm Ø
- Figurendraht, 6 mm Ø
- Langhaarplüsch
- Holzperle in Rot, 8 mm Ø
- Holzpfeife
- 2 Holzknöpfe, 10 mm Ø
- 2 Holzkugeln, 25 mm Ø
- Modellierfilz oder Filz in Rot
- Acrylmattfarben in Rot, Schwarz
- Struktur-Schnee
- Wattekugel, 8 mm Ø
- Metallglöckchen in Gold, 35 mm Ø
- Jutesäckchen, 15 x 20 cm

Vorlagen J1 – J2

Größe: Engel 14 und 17 cm, Nikolaus 35 cm

Musizierende Engel

Engel

Jeweils zwei Glocken aufeinander kleben. In die Moosgummikugel ein Loch passend zur Glockenaufhängung bohren und beides miteinander verkleben. Die Arme aus Chenilledraht (16 cm) um den Hals wickeln, das Rüschenband dazwischenkleben und die Flügel platzieren. Flower-Hair aufkleben und das Gesicht aufmalen. Die Arme gleichmäßig kürzen, Holzhände befestigen und die Instrumente festkleben. Die Glockenränder mit Glitter-Pen verzieren.

Nikolaus

Die Mütze (J2) entweder aus Filz oder aus Modellierfilz anfertigen (Beschreibung Seite 24, Hut von Josef). Eine Wattekugel aufkleben. Die Figur entsteht wie auf Seite 4 beschrieben: der Kopf aus zwei Untersetzern, der Körper aus zwei rot bemalten Glockentöpfen, die Arme mit Figurendraht und kleinen bemalten Töpfen. Langhaarplüsch in Streifen schneiden und übereinander kleben. Die fertige Figur auf einen größeren Untersetzer kleben und die Schuhe aufmalen. Sämtliche Ränder mit Struktur-Schnee verzieren. Das Glöckchen mit Zwirn festbinden.

Weihnachtswichtel

Material

- Tontöpfe, 3 cm Ø
- Hanf
- Steckdraht, 0,8 mm Ø
- bunter Chenilledraht
- bunter Filz
- Satinbändchen, 3 mm
- Holzkugeln, 25 mm Ø
- Holzperlen, 10 + 8 mm Ø
- Holzschuhe, 15 mm
- Holzherz, 17 cm Ø
- Holzstern, 12 cm Ø
- Tonherzchen, 2 mm mit Öse
- Metallglöckchen in Gold, 19 mm Ø
- Folienschreiber in Schwarz, Rot
- Holzstreusterne in Gold
- Acrylmattfarben in Rot, Gold
- Perlonfaden
- Klangstäbe-Set 4/5/6 cm Ø
- Islandmoos
- künstlicher Schnee
- Sprühkleber
- Glitter-Pen in Gold

Vorlagen K1 – K2, C4

Größe: 15 cm

Die Wichtel entstehen wie auf Seite 5 beschrieben.
In den Stern bzw. das Herz ein Holzbrettchen als Sitz quer aufkleben. Die Holzteile bemalen und zusätzlich nach dem Trocknen mit etwas Glitter-Pen und einem Pinsel sparsam übermalen. Die Wichtel platzieren und mit Islandmoos, Grasgirlande sowie mit Klangstäben dekorieren.
Moos- und Grasteile leicht mit Sprühkleber bearbeiten und den künstlichen Schnee aufstreuen. Das Umfeld sollte dabei etwas abgedeckt werden.

Silvester-Party
Abbildung & Materialangaben Seite 30/31

Der **Zylinder** entsteht aus einem Rosentopf und einem aufgeklebten Untersetzer. Für die Schweinchen Töpfe rosa bemalen, Moosgummikugeln aufkleben, Moosgummischnauzen, Ohren, Wackelaugen und Zylinder fixieren. Auf die Kleeblätter Marienkäfer kleben und um die Schnauzen wickeln. Holzperlen am Körper festkleben und die Schweinchen zusammen mit Flower-Hair im Zylinder platzieren. Mit Marienkäfern und Klebeschriften verzieren.

Die **Kaminfeger** werden wie die Wichtel auf Seite 5 hergestellt. Hier werden jedoch statt Chenilledraht Moosgummischnüre mit Draht montiert. Holzhände und -füße anbringen und mit verschiedenen Accessoires verzieren.

Silvester-Party

Material

- 2 Tontöpfe, 4 cm Ø
- Klebeschriften
- Velourszylinder, 40 mm Ø
- Holzstreuteile
- Acrylfarbe in Schwarz, Rosa

Zylinder
- Rosentopf, 11 cm Ø, 8 cm hoch
- Untersetzer, 14/15 cm Ø
- Moosgummikugeln, 30 mm Ø
- Moosgummi in Rosa, 4 mm
- Holz- oder Wattekugeln, 8 mm Ø
- Kleeblätter
- Wackelaugen, 8 mm
- Flower-Hair in Blau-Silber
- Satinbändchen, 3 mm

Kaminfeger
- Holzkugeln, 12 + 30 mm Ø
- Steckdraht, 0,8 mm Ø
- Moosgummi-Hohlschnur, 6 mm Ø
- Abaca-Locken in Orange
- Holzhände, 10 x 18 mm
- Holzfüße, 30 x 40 mm
- Holz-Leiter, 15 cm
- Filzreste
- Champagner-Flasche, 7 cm

Vorlage L

Größe: Zylinder 20 cm, Kaminfeger 16 cm

Anleitung Seite 28

30

Impressum

© 2003
Christophorus Verlag GmbH
Freiburg im Breisgau
Alle Rechte vorbehalten –
Printed in Germany
ISBN 3-419-56532-1

Jede gewerbliche Nutzung der Arbeiten und Entwürfe ist nur mit Genehmigung der Urheberin und des Verlages gestattet. Bei Anwendung im Unterricht und in Kursen ist auf diesen Band der Reihe Creativ Compact hinzuweisen.

Textredaktion:
Ursula Brunn-Steiner, Groß-Gerau

Styling und Fotos:
Christoph Schmotz, Freiburg

Layoutentwurf:
Network!, München

Gesamtproduktion:
art und weise, Merzhausen

Druck:
Freiburger Graphische Betriebe

Wir sind für Sie da, wenn Sie Fragen haben.
Und wir interessieren uns für Ihre eigenen Ideen und Anregungen.
Schreiben Sie uns, wir hören gern von Ihnen!
Ihr Christophorus-Team

Christophorus-Verlag GmbH
Hermann-Herder-Str. 4
79104 Freiburg
Tel.: 0761/2717-0
Fax: 0761/2717-352
e-mail:
info@christophorus-verlag.de
www.christophorus-verlag.de

Profi-Tipps der Autorin

• Die Durchmesserangabe von Tontöpfen bezieht sich bei vielen Herstellern auf das Innenmaß.

• Flecken auf Tontöpfen lassen sich gut mit dem Radiergummi oder mit Scheuermittel entfernen.

• Verbindungsstellen zwischen Körper und Kopf am besten mit Bändern, Schals oder Schleifen abdecken.

• Die Topfgrößen lassen sich beliebig abwandeln, müssen aber zueinander passen. Am besten ausprobieren!

• Um Ihre Modelle wisch- und wasserfest zu machen, können Sie sie mit einem Klarlack oder 3D-Lack schützen.

• Löcher im Topfboden können entweder mit der Spitze einer alten Schere, eines Messers oder mit dem Steinbohrer etwas vergrößert werden.

• Perlmutt-Flimmer immer in die noch feuchte Farbe bzw. Struktur-Schnee oder Granitfarbe einstreuen.

3-419-56420-1

3-419-56544-5

3-419-56412-0